世界一楽しい漢字カード帳

うんこ
かん字カード

JN106921

小学 **2年生**

文響社

もくじ CONTENTS

● カードの特長と使い方

本書は小学2年生で習う漢字すべてをカードとして収録しています。

ミシン目にそってカードを切りはなしましょう。あらかじめ穴が開いているので，市はんのカード用リングでとじて使いましょう。

カードリングは
文ぼう具屋さんや
100円ショップなどで
買うとよいぞい。

カードをめくってオモテ面とウラ面をそれぞれ確認し，漢字の書き方や読み方を確認しましょう。うんこ例文も確認しましょう。

覚えたい漢字をまとめて持ち運ぶことで，いつでもどこでも学習を進めることができます。

カードの構成

オモテ

漢字の知識が
1枚にぎゅっと
つまっているぞい！

❶ 親字

「とめ」「はね」「はらい」などのポイントや書き順など、ていねいな字を書くためのコツが載っています。

❷ 音読み・訓読み

音読みはカタカナ、訓読みはひらがなで表記しています。赤い字は送りがなです。小学校で習わない読み方は、（ ）で記してあります。

❸ 画数

❹ うんこ例文

❺ カテゴリ・番号

習う学年の分類と、通し番号が載っています。

ウラ

❻ 先生はうんこの
プールの中に
ら入っていった。

009

ウラには、うんこ例文が載っています。その文字が空らんになっているので、何も見ずに書けるか、挑戦してみましょう。

作ろう! オリジナル
うんこ漢字カード

このカード帳には、89〜95ページに、親字や音読み・訓読みやうんこ例文などが空白になっているカードがあります。

これらのカードは、他のカードの内容を書き写せば、予備のカードとして使うことができます。

● 親字を書く　音読み・訓読みを書く

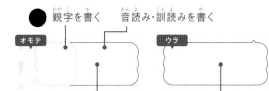

```
オモテ
ウラ
```

うんこ例文を書く

一部を空白にする

- うんこますの中の書き順や音読み・訓読みを空白にして、答えを考えるようにすれば、その部分をよく覚えられます。

それ以外にも、さまざまな使い方ができるのじゃ!

覚えたい部分をオレンジやピンクのペンで記入し、市はんの赤シートを使って消える文字にする

- 音読み・訓読みやうんこ例文の答えの部分を赤シートで消えるようにすれば、その部分を暗記するのに便利です。

オリジナルのうんこ例文を作成する

- うんこ例文の部分を自分で考えて書くことで、この世に一つだけのオリジナルカードを作ることができます。自分のお気に入りのうんこ例文で覚えれば、より強く記憶に残せるでしょう。

おうちの方へ

本書に掲載されている内容は、学習にユーモアを取り入れ、お子様の学習意欲向上に役立てる目的で作成されたフィクションです。一部の例文において、お子様が実際に真似されますと、他の方に迷惑をおかけするような内容も含まれておりますが、本書はあくまでも学習用であり、お子様の不適切な行為を助長することを意図しているものではありませんので、ご理解いただきますようお願い申し上げます。

うんこかん字カード 小学2年生

作 者	古屋雄作		発 行 者	山本周嗣
デザイン	小寺練＋渋谷陽子		発 行 所	株式会社文響社
DTP制作	浅山実結			〒105-0001
イラスト	小寺練			東京都港区虎ノ門 2-2-5 共同通信会館 9F
企画・編集	近藤功			ホームページ https://bunkyosha.com
				お問い合わせ info@bunkyosha.com
			印 刷	日本ハイコム株式会社
			製 本	古宮製本株式会社／有限会社高田紙器工業所

©Yusaku Furuya/Bunkyosha
ISBN コード: 978-4-86651-504-5 Printed in Japan
この本に関するご意見・ご感想をお寄せいただく場合は、郵送またはメール（info@bunkyosha.com）にてお送りください。

音 フ **訓** ちち

4画

（父）の日にうんこの絵を
百まいプレゼントした。

001

音 ボ **訓** はは

5画

うんこをわりばしで
つかんで（母）親に見せに
行こう。

002

音 （ケイ）キョウ **訓** あに

5画

（兄）は、ときどきうんこを
もらしたままねている。

003

音 （テイ）ダイ・（デ） **訓** おとうと

7画

（弟）といっしょにぞうの
うんこを見に行った。

004

9

4画

先生と　　母が
うんこについて話している。

001

5画

校に行ってうんこをする。

002

5画

せっかくためておいたうんこを
　　に流されてしまった。

003

7画

どっちのうんこが大きいかと
いうことで兄　　げんかをした。

004

音（シ） 訓あね

8画

（姉）の洋服にぼくの
うんこがついてしまった。

005

音（マイ） 訓いもうと

8画

うんこをもらした
（妹）をかばう。

006

音シン 訓おや・したしい
したしむ

16画

（親）子のうんこは
よくにている。

007

音ユウ 訓とも

4画

（友）だちとうんこで
ドッジボールをした。

008

8画

うんこの話_{はなし}をすると 　あね　 はいやがる。

005

8画

思_{おも}いのお兄_{にい}さんが

うんこをかたづけている。

いもうと

006

16画

切_{せつ}な人がうんこをとどけてくれた。

しん

007

4画

きみとは親_{しん}　ゆう　だから、

このうんこコレクションを

あげるよ。

008

二年生

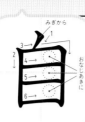

音 ジ　シ　**訓** みずから

6画

（自）**自**分のうんこを
（自）**自**分でふんでしまった。

009

音 タイ　（テイ）　**訓** からだ

7画

二人の**体**でうんこを
はさんでゴールに運ぶ
スポーツ。

010

毛

音 モウ　**訓** け

4画

（毛）**毛**糸でうんこがらの
セーターをあむ。

011

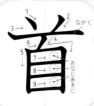

音 シュ　**訓** くび

9画

うんこの**首**かざりを
作った。

012

13

6 画

先生はうんこの
プールの中に
みずか
ら入っていった。

009

7 画

たい いく
育の先生が、
うんこをもらしたまま
ぎょう
じゅ業をつづけている。

010

4 画

もう
うんこに　　ふをかけておこう。

011

9 画

かんじ ※ぶ しゅ しら
漢字の部　　を調べながら
うんこをしよう。
※部しゅ…いくつもの漢字に同じようについている部分。

012

13

音 ガン **訓** かお

18画

起きると顔のすぐ横に
うんこがおかれていた。

013

音 トウ・ズ（ト） **訓** あたま（かしら）

16画

うんこをそんなふうに
使うなんて、頭がいいな。

014

音 セイ（ショウ） **訓** こえ（こわ）

7画

声をひそめて
うんこの話をした。

015

音 シン **訓** こころ

4画

心をこめて
うんこをする。

016

18画

おでこにうんこが
ついてしまったので
せん　がん　してきます。

013

16画

二　とう　の牛がなかよく
ならんでうんこをしている。

014

7画

このうんこは音　おん　せい　に ♪ ♩
反　はん　のうして動　うご　きます。

015

4画

うんこの中　ちゅう　しん　を
えん筆　ぴつ　でつらぬいた。

016

(音) ギュウ **(訓)** うし

つきだす

ながく

「これは子(牛)のうんこ
ですか?」「いいえ、ぼく
のうんこです。」

4画
017

(音) バ **(訓)** うま
ま

はねる

白い(馬)に乗って
うんこをさがす旅に出る。

10画
018

「刀」としない

(音) ギョ **(訓)** うお
さかな

うんこの形をした
めずらしい(魚)。

11画
019

みぎから

(音) チョウ **(訓)** とり

はねる

(鳥)かごにうんこを
入れて持ち歩く
おじさん。

11画
020

17

4画

水 $\overset{すい}{}$ $\overset{ぎゅう}{}$ の角にささった

うんこを取ってあげた。

017

10画

うんこを 車で運ぼう。

018

11画

木 $\overset{もく}{}$ $\overset{ぎょ}{}$ の中にうんこをつめこむ。

019

11画

おじいちゃんは白 $\overset{はく}{}$ $\overset{ちょう}{}$ のうんこを

コレクションしている。

020

音 (ウ)　訓 はね
はね

うんこにも羽が
生えたらいいのに。

6画

021

音 シュン　訓 はる

（　）
春らしい色のうんこだ。

9画

022

音 カ (ゲ)　訓 なつ

（　）
夏休みにはうんこ日記
をつけましょう。

10画

023

音 シュウ　訓 あき

（　）
秋分の日は、うんこを
持ってピクニックに
行く予定だ。

9画

024

6画

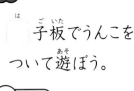

は
□子板でうんこを
ついて遊ぼう。

021 2年生

9画

ちち　せい　しゅん　じ　だい
父は青□時代に
よくうんこをもらしたそうだ。

022 2年生

10画

か
しょ□の日ざしに
うんこがてらされている。

023 2年生

9画

そと　　　あき　かぜ
外に出て□風を
かん
感じながらうんこをしよう。

024 2年生

音 トウ **訓** ふゆ

5画

冬山にうんこの音が
こだましました。

025

音 チ **訓** いけ

6画

もえさかるうんこを
父が池の水で
消し止めた。

026

音 ガン **訓** いわ

8画

うんこを岩でたたき
つぶして遊んでいたら、
夜になっていた。

027

音 (コク) **訓** たに

7画

うんこが谷川を流れて
海にたどり着いた。

028

5画

□ とうみんしている
くまのうんこを取りに行こう。

025 2年生

6画

おじいちゃんがうんこに
電□ をさしこんでいる。
（でん・ち）

026 2年生

8画

わたしのうんこは □ 石（がん・せき）よりもかたい。

027 2年生

7画

二つのうんこで
「うんこの □ 間（たに・ま）」を作ってみよう。

028 2年生

9画

音 カイ 訓 うみ

（海）にもぐって、くじらの
うんこが見てみたい。

029

6画

音 チ・ジ 訓 —

うんこだらけで
（地）図が見えない。

030

11画

音 ヤ 訓 の

（野）山には動物の
うんこがたくさんある。

031

10画

音 ゲン 訓 はら

（原）っぱに行って
うんこの話をしよう。

032

9画

水<ruby>と<rt>かい</rt></ruby>うんこを
ビーカーでまぜてみよう。

029

6画

うんこを　<ruby>面<rt>じ めん</rt></ruby>
すれすれで
ダイビングキャッチした。

030

11画

<ruby>体育<rt>たい いく</rt></ruby>の先生が
<ruby>球<rt>や きゅう</rt></ruby>のバットで
うんこを打っている。

031

10画

<ruby>高<rt>こう げん</rt></ruby>　でめずらしい
<ruby>色<rt>いろ</rt></ruby>のうんこを見つけた。

032

音 セイ **訓** はれる はらす

12画

（晴）れた空をとんでいく、
うんこのような鳥。

033

音 フウ（フ） **訓** かぜ かざ

9画

うんこをがまんして
北（風）の中を歩いた。

034

音 ウン **訓** くも

12画

うんこの形の
（雲）を見つけたよ。

035

音 セツ **訓** ゆき

11画

（雪）かき用の
シャベルでうんこを
かたづけます。

036

25

12画

「うんこ投げ大会」の

日が　　　天でよかった。

033

9画

台　　でものすごい数の

うんこがとんできた。

034

12画

　　海をながめながら、

うんこをする。

035

11画

真っ白い新　　のような

うんこが出た。

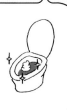

036

星

音 セイ（ショウ） 訓 ほし

9画

おじいちゃんが星空を
見ながらうんこを
している。

037

朝

音 チョウ 訓 あさ

12画

明日の朝まで、
うんこをれいとう庫で
ひやしてみよう。

038

昼

音 チュウ 訓 ひる

9画

うんこがもれそうで、
昼休みまで待てない。

039

夜

音 ヤ 訓 よる

8画

夜になってしまった
けれど、やくそくのうんこ
を持ってきたよ。

040

9画

新しい＿＿ざを発見し、
「うんこざ」と名づけた。

037

12画

＿＿食がおいしかったので
うんこもすいすい出る。

038

9画

＿＿食をとるのもわすれて
うんこで遊んだ。

039

8画

おじいちゃんは
＿＿中になると
「うんこ!」とさけぶ。

040

（音）コン（キン）（訓）いま

4画

ここで**今**すぐ
うんこをすることも
できるんですよ。

041

（音）ジ（訓）とき

10画

今日は八**時**と
十二**時**にうんこをする
予定です。

042

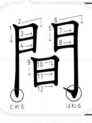

（音）カン ケン（訓）あいだ ま

12画

何もない空**間**に
うんこだけが
おいてあった。

043

（音）ハン（訓）なかば

5画

お母さんがうんこを
ほう丁で**半**分に
分ける。

044

4画

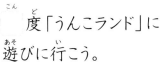

こん
度「うんこランド」に
あそ　い
遊びに行こう。

041

10画

さっき見た　とき　と、うんこの形がちがう。

042

12画

あいだ
うんことうんこの　　に
手をはさんでしまった。

043

5画

ものがたり　なか
物語の　　ばごろに、
とうじょう
うんこのてきが登場します。

044

分

あける
つきださない
はねる

(音) ブン・フン ブ (訓) わける・わかれる わかる・わかつ

4画

大きなうんこなので、
二回に分けて流そう。

045

午

つきださない
ながく

(音) ゴ (訓) —

4画

明日は午前中に
友だちがぼくのうんこを
見に来る。

046

毎

「母」としない
ながく
はねる

(音) マイ (訓) —

6画

毎日かならずうんこを
することが大事だ。

047

週

はらう
はねる
はらう

(音) シュウ (訓) —

11画

今週もたくさん
うんこをするぞ。

048

31

4画

五<ruby>分<rt>ふん</rt></ruby><ruby>前<rt>まえ</rt></ruby>にうんこを
したばかりじゃないか。

045

4画

<ruby>正<rt>しょう</rt></ruby>五きっかりに
うんこをとどけてください。

046

6画

この<ruby>番組<rt>ばんぐみ</rt></ruby>は　回
さまざまなうんこが<ruby>登場<rt>とうじょう</rt></ruby>する。

047

11画

<ruby>一<rt>いっ</rt></ruby><ruby>週<rt>しゅう</rt></ruby>間かけて、
うんこを天じょうまでつみ上げた。

048

（音）ヨウ（訓）──

うんこは何_{なん}曜日_びに
すてればいいのかな。

049

（音）トウ（訓）ひがし

家_{いえ}の東がわのまどに
うんこをつるす。

050

（音）セイ サイ（訓）にし

西日_びがうんこをてらす。

051

（音）ナン（ナ）（訓）みなみ

うんこを南_む向きに
おいておく。

052

18画

日　　日、家族でフラミンゴの
うんこを見に行きました。

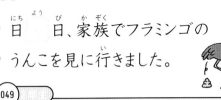

049

8画

　京にはめずらしい
うんこがあるそうだ。

050

6画

いつか　洋のうんこを
見に行きたい。

051

9画

うんこを　きょくまで運ぶ仕事。

052

5画

(音)ホク (訓)きた

北国から、うんこに
くわしい転校生が
やって来た。

053

4画

(音)ホウ (訓)かた

うんこボールの
作り方を教わる。

054

7画

(音)カク (訓)かど つの

今日のうんこは
見事な三角だ。

055

8画

(音)コク (訓)くに

この国で
いちばん大きなうんこ。

056

5画

たんけん家が　きょくで
すごいうんこを見つけた。

053

4画

うんこで川をわたる
　　ほうがあるらしい。

054

7画

父がうんこに小えだを
二本さして、「　　。」と言った。

055

8画

外　　のうんこをコレクションする。

056

音 ゴ 訓 かたる かたらう

14画

先生が国語の時間に
うんこの話をしてくれた。

057

音 サン 訓 —

14画

ぼくの算数ノートは、
うんこの絵で
いっぱいだ。

058

音 スウ（ス）訓 かず かぞえる

13画

ぼくは今年したうんこの
数をおぼえています。

059

音 リ 訓 —

11画

りょう理をする前に、
手についたうんこを
あらいなさい。

060

14画

「うんこ物[　]」という名の本を
さがしているのですが。

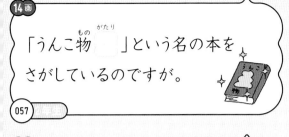

057

14画

うんこにおきかえて
計[　]してみよう。

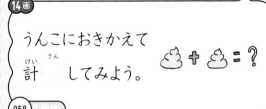

058

13画

このうんこには、よく見ると
字が記されている。

059

11画

うんこを引き出しに入れて
整[　]している。

060

音 カ　訓 ー
9画

うんこの上に教科書を
落としてしまった。

061

音 シャ　訓 やしろ
7画

父が会社でうんこを
もらして帰ってきた。

062

音 カイ（エ）　訓 あう
6画

うんこたちが
会話している。

063

音 ズ ト　訓 （はかる）
7画

図書室にうんこが
投げこまれてくる。

064

9画

学者がうんこを真けんに
調べている。

061

7画

山の中にある　　には、
うんこがまつってある。

062

6画

トイレで友だちと
　　ったのでうんこを見せ合った。

063

7画

エの時間に先生のうんこを
スケッチした。

064

音 ガク / カク　訓 ─　8画

うんこだけをかく（画）家。

065

工

音 コウ / ク　訓 ─　3画

（工）作のじゅ業でうんこのお面を作った。

066

音 サク / サ　訓 つくる　7画

うんこでサッカーボールを（作）っています。

067

音 カツ　訓 ─　9画

うんことくらす生（活）。

068

41

8画

夏休みにうんこと旅行をする

計　　を立てた。

065

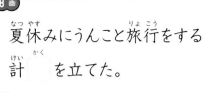

3画

大　　さんがうんこに

くぎを打っている。

066

7画

うんこがもれそうなので

動　　がおそくなる。

067

9画

プロのうんこせん手として

　　やくする。

068

42

13画

(音) ガク ラク (訓) たのしい たのしむ

（楽）
楽しい気分で
うんこをしよう。

069

6画

(音) ショク シキ (訓) いろ

うんこがむらさき（色）
なのでお医者さんに
見てもらおう。

まげる　はねる

070

9画

(音) チャ (サ) (訓) ―

うんこを（茶）わんに
入れてじっと見つめる。

はらう
とめる　とめる

071

11画

(音) (コウ) オウ (訓) き (こ)

（黄）
黄色いちょうが
うんこにとまっている。

つきだす
とめる

072

43

13画

うんこの 　　　園へようこそ。

<small>らく　えん</small>

069

6画

<small>しき</small> 紙に「うんこ」と書いて

<small>し</small>　　　　　　　<small>か</small>

かべにかざった。

070

9画

この麦 　　　を飲んだらうんこをしよう。

<small>むぎ　ちゃ</small>　　　<small>の</small>

071

11画

この 　　　金とうんこを交かんしましょう。

<small>おう　ごん</small>　　　　　　<small>こう</small>

072

音 コク **訓** くろ・くろい

<ruby>黒<rt>くろ</rt></ruby>いスーツを着た
男たちがぼくのうんこを
<ruby>持<rt>も</rt></ruby>っていった。

073

音 ケイ・ギョウ **訓** かた・かたち

うんこの（<ruby>形<rt>かたち</rt></ruby>）を整える。

074

音 ガン **訓** まる・まるい・まるめる

ねん土とうんこをまぜて
（<ruby>丸<rt>まる</rt></ruby>）めているだけです。

075

音 テン **訓** ―

<ruby>今日<rt>きょう</rt></ruby>のうんこは
<ruby>百点<rt>ひゃくてん</rt></ruby>の<ruby>出来<rt>でき</rt></ruby>だ。

076

11画

やけこげて真っ<ruby>黒<rt>くろ</rt></ruby>になったうんこ。

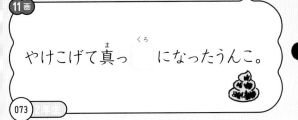

073

7画

うんこが
<ruby>円<rt>えん</rt></ruby>けいにならんでいる。

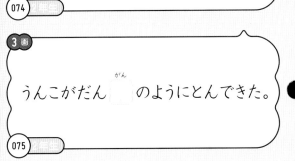

074

3画

うんこがだん<ruby>丸<rt>がん</rt></ruby>のようにとんできた。

075

9画

うんこに<ruby>点<rt>てん</rt></ruby>火しようと
したところを<ruby>止<rt>と</rt></ruby>められた。

076

（音）セン（訓）—— 15画

この直線の上に
うんこをならべましょう。

「氷」としない

077

（音）コウ（訓）（おおやけ） 4画

かたにうんこをのせた
おじさんが公園にいる。

とめる

078

（音）エン（訓）（その） 13画

園長先生のうんこを
見に行く会。

とめる

079

（音）シ（訓）いち 5画

市場でうんこを
買ってから帰ります。

とめる　はねる

080

15画

電　せん　にたくさんのうんこが
ぶら下がっている。

077

4画

えい画の主人　こう　が
うんこをもらしている。

078

13画

「うんこジェットコースター」がある
遊　えん　ち　地。

079

5画

し　長のうんこを見に行く会。

080

音 ジョウ　訓 ば

12画

「うんこ投げ大会」の
会場はどこですか?

081

音 コウ　訓 まじわる・まじえる・まじる
まざる・まぜる・(かう)・(かわす)

6画

うんこは交番にとどけ
なくてもいいのかな。

082

音 バン　訓 —

12画

うんこをする
速さなら一番だ。

083

音 ドウ
(トウ)　訓 みち

12画

うんこまみれの男が、
道にたおれている。

084

12画

うんこが出てくる　場面で
放送が終わった。

081

6画

大きなうんこが　交通の
じゃまになっている。

082

12画

うんこの　番組が
始まるらしい。

うんこTV

083

12画

車道でうんこをしてはいけない。

084

（音）テン（訓）みせ **8画**

この町でうんこが
売っている店は
ここだけだ。

085

（音）カ・ケ（訓）いえ・や **10画**

うんこを集めて家を
作った。

086

（音）モン（訓）（かど） **8画**

正門の前で
拾ったうんこを先生に
とどけよう。

087

（音）ジ（訓）てら **6画**

お寺のかねの音に
合わせてうんこをした。

088

8画

書<ruby>店<rt>てん</rt></ruby>に<ruby>行<rt>い</rt></ruby>くと
うんこがしたくなる。

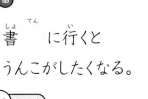

085

10画

おとの<ruby>様<rt>さま</rt></ruby>のうんこと、
<ruby>家<rt>け</rt></ruby><ruby>来<rt>らい</rt></ruby>のうんこ。

086

8画

うんこ<ruby>道場<rt>どうじょう</rt></ruby>に<ruby>入<rt>にゅう</rt></ruby><ruby>門<rt>もん</rt></ruby>する。

087

6画

<ruby>寺<rt>じ</rt></ruby><ruby>院<rt>いん</rt></ruby>をさん<ruby>歩<rt>ぽ</rt></ruby>しながら
うんこのことを<ruby>考<rt>かんが</rt></ruby>えよう。

088

（音）リ（訓）さと

7画

どちらかが（里）いもで、
どちらかがうんこです。

089

（音）キョウ（ケイ）（訓）—

8画

（京）都でうんこをした
ときの写真をお見せ
しましょう。

090

（音）キ（訓）—

7画

（汽）車に乗ったとたん、
うんこをもらした。

091

（音）セン（訓）ふね
ふな

11画

このうんこは
大きすぎて、（船）で
なければ運べない。

092

53

7画

人<ruby>里<rt>ひと</rt></ruby><ruby><rt>ざと</rt></ruby>はなれた山おくで、
<ruby>光<rt>ひか</rt></ruby>るうんこを見つけた。

089

8画

うんこをするために
<ruby>上<rt>じょう</rt></ruby><ruby>京<rt>きょう</rt></ruby>してきました。

090

7画

<ruby>汽<rt>き</rt></ruby>笛の音を<ruby>合<rt>あい</rt></ruby><ruby>図<rt>ず</rt></ruby>に、いっせいに
うんこをする。

091

11画

<ruby>船<rt>せん</rt></ruby>長がうんこをもらしたので、
<ruby>港<rt>みなと</rt></ruby>に引き<ruby>返<rt>かえ</rt></ruby>した。

092

音 デン **訓** ―

13画

うんこに（電）気を通してみよう。

093

音 (キュウ) **訓** ゆみ

3画

あそこのうんこに（弓）矢を当ててみせましょう。

094

音 (シ) **訓** や

5画

うんこが目の前を矢のようにとんでいった。

095

音 トウ **訓** かたな

2画

（刀）の先っぽにうんこをつけてたたかう男。

096

13画

話の向こうから
「うんこ！」とさけぶ声が聞こえた。

093

3画

体を　　なりに曲げて
うんこをするおじいちゃん。

094

5画

じるしにしたがって
進んだら、うんこが落ちてきた。

095

2画

名　　でうんこを
真っ二つに切りさいた。

096

音 ダイ タイ **訓** —

5 画

こちらの（台）の上で
うんこをしてください。

097

音 コ **訓** と

4 画

うんこを持って、
（戸）じまりをして、
出かけよう。

098

音 ニク **訓** —

6 画

（肉）食動物のうんこを
スケッチしよう。

099

音 ベイ マイ **訓** こめ

6 画

お（米）をたくさん食べて
毎日うんこをしよう。

100

5 画

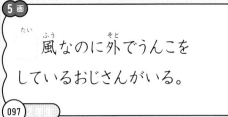

<ruby>台<rt>たい</rt></ruby>　<ruby>風<rt>ふう</rt></ruby>なのに<ruby>外<rt>そと</rt></ruby>でうんこを
しているおじさんがいる。

097

4 画

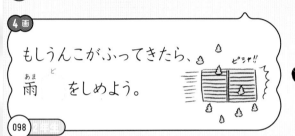

もしうんこがふってきたら、
<ruby>雨<rt>あま</rt></ruby>　<ruby>戸<rt>ど</rt></ruby>　をしめよう。

098

6 画

<ruby>牛<rt>ぎゅう</rt></ruby>　<ruby>肉<rt>にく</rt></ruby>　とまちがえて
うんこをやいてしまった。

099

6 画

おう　<ruby>米<rt>べい</rt></ruby>　から<ruby>取<rt>と</rt></ruby>りよせたうんこ。

100

音 (バク) **訓** むぎ

7画

ながく

はらう

うんこをした後（あと）の
（　）麦茶（ちゃ）はおいしい。

101

音 シ **訓** かみ

10画

とめる

はねる

ごみ箱（ばこ）から紙（　）くずに
まざってうんこが
出てきた。

102

絵

音 カイ エ **訓** ―

12画

とめる

とめる

うんこの（　）絵をかくのが
何（なに）よりもすきだ。

103

止

音 シ **訓** とまる とめる

4画

みじかく

きのうから
うんこが（　）止まらない。

104

59

7画

うんこに　わらぼうしをかぶせる。
_{むぎ}

101

10画

画用　をおって
_が_{よう}_し
うんこを作ってみました。

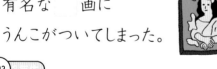

102

12画

有名な　画に
_{ゆう}_{めい}_{かい}_が
うんこがついてしまった。

103

4画

「うんこ拾い大会」は、
_{ひろ}_{たい}_{かい}
雨のため中　です。
_{ちゅう}_し

104

（音）イン （訓）ひく・ひける

4画

先生が大きなうんこを〔引〕きずっている。

105

（音）セツ（サイ）（訓）きる・きれる

4画

ポケットに入る大きさにうんこを〔切〕る。

106

（音）ホ・（ブ）・（フ）（訓）あるく・あゆむ

8画

うんこを
両手に持って〔歩〕く。

107

（音）ソウ （訓）はしる

7画

トイレに〔走〕りこんでうんこをした。

108

4画

うんこの本から文章を◯用する。

105

4画

大◯な思い出のうんこ。

106

8画

◯道のあちこちに
うんこが落ちていた。

107

7画

パン食いきょう◯の
パンをうんこにかえておいた。

108

（音）ゲン・ゴン （訓）いう・こと 7画

ここでうんこをしないで
と言ったのに。

109

（音）ドク・トク・トウ （訓）よむ 14画

先生にうんこの本を
読んでもらう。

110

（音）キ （訓）しるす 10画

うんこの
かくし場所を記す。

111

（音）ショ （訓）かく 10画

うんこと筆を使って
字を書いてみた。

112

7画

109

言_{こと}葉_ばを話_{はな}すうんこ。

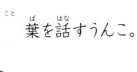

14画

110

しゅ味_みは　読_{どく}書_{しょ}とうんこです。

10画

111

八秒_{はちびょう}でうんこができた。
新_{しん}記_きろくだ。

10画

112

図_と書_{しょ}室_{しつ}でうんこの本をかりて帰_{かえ}ろう。

話

音 ワ　訓 はなす
　　　　　はなし

13画

うんこについて友だち
四人と夜まで話す。

113

聞

音 ブン
　（モン）　訓 きく
　　　　きこえる

14画

とてもめずらしい
うんこの話を聞く。

114

回

音 カイ
　（エ）　訓 まわる
　　　　まわす

6画

次回からはトイレで
うんこをしなさい。

115

答

音 トウ　訓 こたえる
　　　　　こたえ

12画

うんこのうらがわに
答えを書いて
おいたよ。

116

13画

おじいちゃんがうんこと

<ruby>会<rt>かい</rt></ruby>　<rt>わ</rt>　をしている。

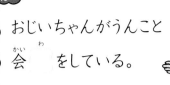

113

14画

<ruby>新<rt>しん</rt></ruby>　<rt>ぶん</rt>　を<ruby>丸<rt>まる</rt></ruby>めたもので

うんこをたたきつぶした。

114

6画

ひもでうんこをしばって

ぐるぐる　<rt>まわ</rt>　して<ruby>遊<rt>あそ</rt></ruby>ぼう。

115

12画

うんこに<ruby>話<rt>はな</rt></ruby>しかけたが、

<ruby>何<rt>なに</rt></ruby>も<ruby>返<rt>へん</rt></ruby>　<rt>とう</rt>　がない。

116

(音) キョウ **(訓)** おしえる・おそわる

11画

うんこがたくさん落ちて
いる場所を**教**えて
あげるよ。

117

(音) カ **(訓)** うた・うたう

14画

美しい**歌**声のうんこ。

118

(音) ショク（ジキ） **(訓)** くう・くらう・たべる

9画

食べても**食**べても
うんこが出ない。

119

(音) ツウ（ツ） **(訓)** とおる・とおす・かよう

10画

パイプの中をうんこが
通っていくのが
見える。

120

11画

うんこまみれの男が
<ruby>教<rt>きょう</rt></ruby>会にかけこんだ。

117

14画

<ruby>人<rt>にん</rt></ruby><ruby>気<rt>き</rt></ruby><ruby>歌<rt>か</rt></ruby><ruby>手<rt>しゅ</rt></ruby>がコンサート中に
うんこをもらした。

118

9画

<ruby>苦<rt>く</rt></ruby>しんぼうが
じっとうんこを見ている。

119

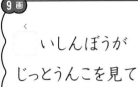
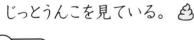

10画

ぼくは、「うんこ<ruby>教室<rt>きょうしつ</rt></ruby>」に
<ruby>通<rt>かよ</rt></ruby>っている。

120

(音) メイ (訓) なく・なる ならす

14画

シンバルにうんこを
たたきつけて音を
（鳴）らす。

121

(音) チ (訓) しる

8画

じ書で調べて
「うんこ」という言葉の
意味を（知）る。

122

(音) シ (訓) おもう

9画

家の中でうんこを
ふむとは（思）わなかった。

123

(音) コウ (訓) かんがえる

6画

いい（考）えがある。
うんこをペンキ代わりに
使うんだ。

124

14画

姉の目の前にうんこを落としたら
悲［めい］を上げた。

121

8画

うんこの［ち］しきで
かれに勝てる者はいない。

122

9画

うんこについて
じっくりと［し］考する。

123

6画

ぼくのやり方をさん［こう］に、
うんこをしてごらん。

124

音 ゴウ・ガッ　**訓** あう・あわす
カッ　　　　　　あわせる

6画

つける

はらう

友人とうんこを
見せ合う。

125

音 ケイ　**訓** はかる
　　　　　はからう

9画

ながく

体温計をうんこに
さしたのはだれだ。

126

音 チョク　**訓** ただちに・なおす
ジキ　　　　なおる

8画

おる　　　　　　　ながく

こわれたうんこの
おもちゃを直す。

127

音 キ　**訓** かえる
　　　　かえす

10画

つきださない

はねる

これい上うんこを
もらすなら帰ってくれ。

128

71

6画

このうんこは
兄とぼくとの　　作だ。

125

9画

食べてからうんこに
なるまでの時間を　　る。

126

8画

うんことうんこの間に　　線を引く。

127

10画

家に　　ると中で、
空をとぶうんこを見た。

128

音 ソ 訓 くむ・くみ

11画

ぼくときみで`組`めば、
もっとすごいうんこが
できるぞ。

129

音 トゥ 訓 あたる・あてる

6画

とんできたうんこが
おでこに`当`たった。

130

音 コウ 訓 ひろい・ひろまる
ひろめる・ひろがる
ひろげる

5画

`広`いプールにうんこが
三ついていた。

131

音 チョウ 訓 ながい

8画

ろう下のはじから
はじまである、
`長`いうんこ。

132

11画

ぼくたちのうんこをねらう
悪の そしき。

129

6画

先生が 番表についた
うんこをふいている。

130

5画

こくのちらしでうんこを
くるんでランドセルに入れる。

131

8画

うんこを 方形に整える。

132

音 コウ　訓 たかい・たか
たかまる・たかめる

10画

高い木のてっぺんに
うんこをつきさす。

133

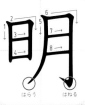

音 メイ
ミョウ　訓 あかり・あかるい
あかるむ・あからむ・あきらか
あける・あく・あくる・あかす

8画

おじいちゃんは
夜明（よ）けと同時（どう じ）に
「うんこ。」とつぶやいた。

134

音 タ　訓 おおい

6画

うんこの数（かず）が
予定（よ てい）よりも多い。

135

音 ショウ　訓 すくない
すこし

4画

のこり少ないうんこ
なので、大切（たい せつ）に使（つか）ってね。

136

10画

それは 原で拾ってきた
きつねのうんこだよ。

133

8画

うんこを発 した人はだれだろう。

134

6画

数のファンがきみのうんこを
ほしがっている。

135

4画

うんこと話せるなぞの 年。

136

音 ナイ（ダイ）　**訓** うち

4画

うんこの「内」がわに
どんぐりをうめこんだ。

137

音 ガイ（ゲ）　**訓** そと・ほか　はずす・はずれる

5画

うんこの「外」がわに
しおをふりかける。

138

音 タイ　タ　**訓** ふとい　ふとる

4画

あまりにも「太」いうんこに
おどろいてさけんだ。

139

音 サイ　**訓** ほそい・ほそる　こまか・こまかい

11画

うんこに「細」い
ストローをつきさす。

140

4画

校　　にあと四十九この
うんこがかくされている。

137

5画

うんこにつけた
コントローラーを取り　す。

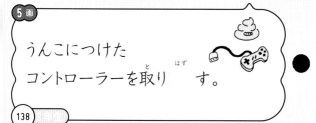

138

4画

うんこを　陽に
すかして見よう。

139

11画

　　心の注意をはらって
うんこをい動させる。

140

音 シン **訓** あたらしい・あらた
にい

13画

うんこの（新）しい
よび方を考えよう。

141

音 コ **訓** ふるい
ふるす

5画

ぼくが持っている
いちばん（古）いうんこは、
二年前のものだ。

142

音 コウ・ギョウ **訓** いく・ゆく
（アン）　　おこなう

6画

うんこはもれてしまった
けれど、トイレには（行）く。

143

音 ライ **訓** くる・（きたる）
（きたす）

7画

うんこを両手に
持った男がこっちへ
走って（来）るぞ。

144

13画

ぼくのうんこを　　　聞記者が
取ざいに来た。

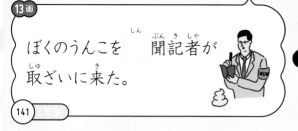

141

5画

おばあちゃんから　　風な
うんこのやり方を教わる。

142

6画

ぼくのうんこを見たい人の
　　　列ができた。

143

7画

み　　　のうんこを想ぞうする。

144

音 ゼン **訓** まえ

9画

「一」としない

体の**前**にうんこを
しっかりかかえて走る。

145

音 ゴ コウ **訓** のち・うしろ あと・(おくれる)

9画

頭の**後**ろにうんこが
こびりついているよ。

146

音 エン (オン) **訓** とおい

13画

だれかが**遠**いところ
から「うんこ!」と
さけんでいる。

147

音 キン **訓** ちかい

7画

ねているお父さんに
うんこを**近**づけて
みよう。

148

81

9画

前
ぜん
日
じつ
のうんことくらべてみよう。

145

9画

うんこを投
な
げたら
体育館
たい　いく　かん
の　　　方
ほう
までとどいた。

146

13画

遠
えん
足
そく
でうんこがしたくなったので、
先
に帰
かえ
った。

147

7画

うんこ新聞
しん　ぶん
を作
つく
って　　　近
きん
所
じょ
に配
くば
った。

148

音 キョウ
（ゴウ）
訓 つよい・つよまる
つよめる・（しいる）

11画

うんこを強い力で
引きちぎった。

149

音 ジャク
訓 よわい・よわる
よわまる・よわめる

10画

体が弱いので、
重いうんこは運べない。

150

音 バイ
訓 うる
うれる

7画

駅の売店で
うんこを売る。

151

音 バイ
訓 かう

12画

うんこを入れるための
リュックサックを買う。

152

11画

きょう りょく
カなガムテープで
うんこをかべにこ定する。

149

10画

うんこにも じゃく てん
点があるはずだ。

150

7画

ぼくがかいたうんこの絵が
とぶように れている。

151

12画

インターネット上で
うんこが売 ばい されている。

152

音 サイ **訓** ―

3画

ぼくにはうんこを
あやつる才のうがある。

153

音 マン（バン） **訓** ―

3画

一万このうんこに
追いかけられる
ゆめを見た。

154

音 ゲン ガン **訓** もと

4画

元気な男の子が
校庭でうんこをしている。

155

音 コウ **訓** ひかる ひかり

6画

この薬を飲むと、
うんこが光るように
なるらしい。

156

3画

うんこの研究<small>けんきゅう</small>をしている

天<small>てん</small>さい はかせ。

153

3画

先生が　　　年筆<small>まん　ねん ひつ</small>で

「うんこ」という字を書<small>か</small>いてくれた。

154

4画

がん日<small>じっ</small>のうんこを

写真<small>しゃ しん</small>にとっておこう。

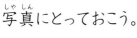

155

6画

日<small>にっ</small>こう が当<small>あ</small>たる場所<small>ば しょ</small>に

うんこをおいておこう。

156

音 ヨウ **訓** もちいる　5画

明日はたくさん人が
来るのでうんこを多めに
（ 用 ）意した。

157

音 ドウ **訓** おなじ　6画

（ 同 ）じ形に見えるが、
うんこはそれぞれ
ちがうものだ。

158

音 （カ） **訓** なに・なん　7画

「かたに（ 何 ）を
のせているのですか?」
「うんこです。」

159

音 シツ **訓** （むろ）　9画

弟は、トイレのことを
「うんこ（ 室 ）」とよぶ。

160

5 画

うんこがこぼれないように
[よう]□心して運[はこ]ぼう。

157

6 画

しん号[ごう]が青になるのと[どう]□時[じ]に
うんこをします。

158

7 画

何[なに]事[ごと]かと外[そと]を見ると、
うんこがうかんでいた。

159

9 画

だれかが音楽[おんがく]□室[しつ]でうんこをしている。

160

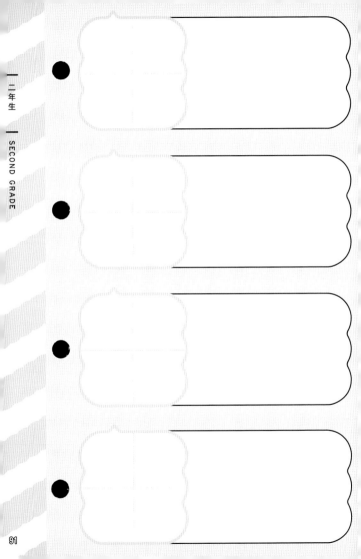